AF460687

LA BELLE MORT, EXPRIME'E EN LA PERSONNE D'UN JEUNE ENFANT DEVOT A N. DAME.

Avec une tres-belle Pratique pour bien mourir.

Par un Pere de la Compagnie de JESUS.

Nouvelle Edition reveuë & augmentée.

A PARIS,

Chez FRANÇOIS MUGUET Imp. & Libr. ord. du Roy, & de Monseigneur l'Archevesque, ruë de la Harpe aux trois Roys.

M. DC. LXVIII.

Avec Permission.

LA PRATIQVE DE BIEN MOVRIR.

AVANT-PROPOS.

E ne te demande point (mon cher Lecteur) si tu desires bien mourir ; car si méchante & dereglée que puisse estre ta vie, je suis asseuré que tu veux avoir une belle mort. Ie t'avise seulement que tu trouveras en la seconde partie de cette Histoire, une Pratique tres-belle & tres-facile pour l'obtenir.

Ie ne pretens point décrier la devotion des autres, en établissant la mienne. I'approuve & estime les saintes pratiques que tant de grands Personnages ont donné au Public ; entre autres celle qui pour disposition éloignée, prescrit une bonne vie exempte de peché ; & pour prochaine une Confession prompte & generale, suivie des Sacremens de l'Eucharistie, & de l'Extreme-Onction. I'insere seulement en cét Ouvrage un devot entretien avec le Crucifix, qui remplira ton ame de confiance, & que tu pourras pratiquer jusques au dernier soûpir.

Prens la peine de le lire, & je m'asseure qu'il sera à ton goust. Ie l'ay comme enchassé dans la vie d'un Escolier pour appuyer sa valeur sur l'experience, & faire plus doucement couler dans l'esprit les Preceptes de la mort, qui détachez de cette Histoire, effrayeroient les uns, & sembleroient impossibles aux autres; au lieu que l'exemple s'insinuant dans la volonté, la gagne insensiblement & persuade sans peine qu'une chose est possible, quand il fait voir qu'un autre l'a faite.

Or comme il n'y a point de moment auquel tu ne puisse mourir, je te conseille de faire toutes les semaines, ou du moins tous les mois les actes que j'ay dressez, d'où arrivera entre autres avantages que tu ne ſeras jamais ſurpris de la mort ; mais qu'elle te trouvera toûjours en garde & en défenſe ; que tu ne ſeras point troublé à ſon approche, l'ayant découverte & attenduë de loin ; que tu pratiqueras ſans confuſion de penſées ou de deſirs ce que tu auras long-temps avant prémedité ; que tu feras mieux ton perſonnage apres t'eſtre bien exercé ; que tu ſeras bien agguerry contre les tentations, armé contre le diable, fortifié contre le deſeſpoir, affermy contre la crainte, & qu'à force de penſer comme tu feras à la mort, tu apprendras comme il faut faire pendant la vie, & ſentiras ton cœur ſe détacher inſenſiblement de la terre pour ſe coller au Ciel.

Et certes c'eſt une choſe déplorable de voir le peu de ſoin qu'on prend à ſe diſpoſer à ce dernier moment. Vn Artizan ſera quinze ans à apprendre un meſtier, & ne donnera pas un jour pour apprendre à mourir ; un Pilote employera la moitié de ſa vie à l'étude de la navigation, & ne ſongera jamais au voyage de l'eternité. Que font les Nobles, ſinon apprendre à s'entr'égorger, & à mourir en deſeſperez? Qui d'eux s'exerce à mourir en predeſtiné? Nous voyons l'étude & l'empreſſement des enfans, quand il eſt queſtion de joüer une piece; ils apprennent ce qu'ils doivent dire, ils étudient tous leurs pas & toutes leurs actions; ils ſongent jour & nuict au devoir de leur Perſonnage, & pour cette funeſte & ſanglante Tragedie, où il faut qu'un chacun reçoive le coup de la mort, & emporte un prix ou une peine eternelle, s'il s'eſt bien ou mal acquitté de ſon devoir; Pour cette action importante qu'il faut faire un jour, & à laquelle on ne peut manquer qu'une fois, & qui traiſne apres ſoy des conſequences infinies; on n'y ſonge point ſerieuſement, on ne s'y prepare point; mais on attend qu'on ne puiſſe plus vivre pour apprendre à bien mourir. Quel desordre, & quel aveuglement!

Pour remedier à ce mal Dieu picque de temps en temps nostre stupidité par l'image de quelques morts, belles ou affreuses. Celles-là pour les imiter; celles-cy pour les craindre. Nous n'en avons devant les yeux que trop de funestes, & à force d'en voir, nous nous y sommes apprivoisez & rendus comme insensibles. Mais les belles sont rares, parce qu'il y a peu d'éleus; & pour cela sont plus admirées, joint qu'un chacun desirant, comme j'ay dit, une belle mort, & abhorrant ce phantôme que la nature represente si affreux & si défiguré, prend un singulier plaisir lors qu'il voit quelqu'un franchir ce pas sans crainte & sans douleur sur l'esperance d'un traitement pareil.

Or Dieu nous a fait voir ces jours passez en un jeune enfant le visage de la mort si doux & si attrayant que tout le monde en est devenu amoureux. Et comme Fabiola, au rapport de S. Ierôme, traitoit les malades avec une telle douceur, que les ſains leur portoient envie : De meſme ce brave écolier, ſe joüant avec la mort, a dégouſté de la vie ceux qui en eſtoient les plus paſſionnez. I'eſpere, mon cher Lecteur, que ce recit fera la meſme impreſſion ſur ton eſprit, ſi tu te donnes la patience de le lire. Et parce que la vie eſt le chemin à la mort ; que l'une eſt le principe, & l'autre la concluſion : tu ne ſerois pas ſatisfait ſi je ne les produiſois toutes deux enſemble. C'eſt Pourquoy je diviſeray ce recit en trois parties : En la premiere, je diray quelque choſe de la Vie de nôtre petit Eſcolier : En la ſeconde, j'expoſeray ſa maladie, & ſa mort : En la troiſiéme, je dreſſeray aux ſains & aux malades une Pratique pour bien mourir.

LA VIE DE CHARLES CLARENTIN,

PREMIERE PARTIE.

CHAPITRE PREMIER.

Son naturel & ses études.

CHARLES CLARENTIN estoit natif de Roye en Picardie, d'honnestes & vertueux parens qui eurent soin d'élever ce premier de leurs enfans dans la crainte de Dieu, & dans l'étude des bonnes lettres : C'est pour cela qu'ils l'envoyerent à l'âge de douze ans au College d'Amiens ſous les Peres Ieſuites, où il fut admis en quatriéme, ayant receu en ſon païs les premieres teintures du latin. Il eſtoit d'un naturel colere; mais ſi bien temperé par la grace & par la raiſon, qu'on avoit de la peine à reconnoiſtre le tronc ſur lequel eſtoit enté la vertu.

Il eſtoit bien fait de corps, & avoit une grace en toutes ſes actions qui en rehauſſoit le luſtre, ſur tout une candeur & ingenuité, qui luy gagnoit tous les cœurs. A ces quallitez il ajoûtoit une civilité nompareille qui n'avoit rien d'affeté, ny de couvert; mais qui reſſembloit à ces beautez de la Nature ſur leſquelles l'art ne peut encherir. En effet tous ceux qui l'ont connu, avoüent que c'eſtoit l'enfant le plus civil qui ſe pût voir, & ſes maiſtres dont il eſtoit chery tendrement, m'ont dit merveille de ſa cordialité & de ſes reconnoiſſances. Que ſi la grace du corps attiroit les yeux des hommes, celle de l'ame gagnoit le cœur de Dieu,

& l'a rendu digne d'entrer en ſa Cour pour eſtre du nombre de ces ames pures qui ſuivent l'Agneau par tout où il va.

Ses parens auſſi bien que ſes Maiſtres m'ont proteſté n'avoir jamais receu aucun mécontentement de luy; mais au contraire, toutes ſortes de reſpects & d'obeïſſances.

Il eſtoit tout jeune ſi remply de l'eſprit de Dieu, qu'il ne parloit que d'auſteritez & de penitences; & comme on luy propoſoit les Benefices de ſes parens qu'il pouvoit eſperer: *Oſtez-moy*, diſoit il, *toutes ces douceurs, c'eſt aller au Ciel trop à ſon aiſe, j'y veux monter par le chemin de la Croix.*

Voila les hauts deſſeins & le langage d'un enfant de huit à neuf ans, qu'il commença à executer dés lors qu'il arriva à noſtre College; car il eſtoit ſi diligent & ſi conſtant à ſon devoir, qu'il n'y avoit point de difficulté qui l'en pût détourner. Il demeuroit en ſon étude pendant l'hiver, quelque froid qu'il fiſt ; de ſorte qu'il en avoit les mains & les pieds gaſtez. Et comme ſon Precepteur l'exhortoit à ſe venir chauffer : *Ne faut-il pas*, luy diſoit-il, *ſouffrir quelque choſe pour l'amour de Dieu.*

CHAPITRE II.

Son entrée en la Congregation de Noſtre-Dame.

CE feu qui brûloit déja ſon cœur, crût à tel excés depuis qu'il fut de la Congregation de Noſtre-Dame, qu'il l'a enfin conſommé. Comme il avoit dés ſes plus tendres années, conceu une ſinguliere affection envers la ſainte Vierge, qu'il appelloit ordinairement ſa bonne Mere : Auſſi n'eut-il rien plus à cœur venant étudier chez nous, que d'eſtre du nombre de ſes enfans.

Et ayant ſceu qu'il y avoit une Congregation des plus ſages & des plus vertueux écoliers du College, qui faisoient profession de l'honorer specialement; que ceux qui y estoient admis estoient censez de sa famille, couchez sur l'estat de sa maison, enrôlez sous ses étendars, vestus de ses livrées, entretenus à ses gages, nourris & traitez comme ses enfans & serviteurs, qu'elle distinguoit des autres, comme fait une Reyne ses Officiers, de ses autres sujets, quoy que tous soient sous son obeïssance.

De plus, ayant appris les graces merveilleuses que cette bonne Mere procure sans cesse à ses enfans, les tentations dont elle les delivre, les maux dont elle les preserve, les perils dont elle les garentit, la protection dont elle les environne en tout temps, mais principalement à la mort, comme il paroist par une infinité d'exemples. Sur tout estant informé que la Congregation estoit répanduë par tout le monde, & composée de personnes de grande ſainteté qui l'enrichiroient de leurs merites.

Toutes ces conſiderations, dis-je, & pluſieurs autres luy enflâmerent tellement le deſir, qu'on ne peut exprimer les inſtantes pourſuites qu il fit, pour y eſtre receu : Ce que luy ayant eſté accordé apres Paſques, il commença à donner des marques de ſa ferveur & de ſes bonnes inclinations, qu'on éprouva trois mois, ſelon les loix de la Congregation qui preſcrit ce petit Noviciat, avant que d'eſtre admis au nombre des autres. Comme il n'eſtoit que cœur, on eut dit qu'il n'eſtoit que main; car il vouloit tout faire. Il craignoit ſi fort de venir tard, qu'il ne révoit qu'à cela pendant tout le cours de ſa maladie : Et quoy qu'il fuſt boüillant, prompt, & actif de ſon naturel, dés lors neantmoins qu'il venoit à entrer dans quelque Egliſe, il devenoit ſi modeſte & ſi composé, que vous l'euſſiez pris pour un Ange.

CHAPITRE III.

Sa ferveur en la Communion.

MAIS qui pourroit declarer les incendies d'amour qu'excitoit en cette belle ame celuy qui descend du Ciel sur nos Autels, & de là dans nos cœurs pour y allumer le feu de la charité. Comme son Maistre s'entretenoit de devotion avec luy, il luy confessa ingenuëment qu'il sentoit apres la Communion, quelque-fois s'allumer un si grand feu dans son cœur, qu'il en estoit tout hors de luy-mesme, & avoit peine à respirer. Il luy ajoûta que souvent le diable, pour le détourner de la Communion, luy avoit causé un peu auparavant de si grandes douleurs de poitrine, qu'il fust tenté par plusieurs fois de se retirer; mais ayant tenu bon, & receu la sainte Hostie, il se sentit soudainement guery. A la fin de son action de grace, il prioit pour ſes amis, notamment pour ſes Maiſtres, comme il me proteſta avant que de mourir, avec des affections cordiales.

CHAPITRE IV.

Sa Preparation à la ſainte Communion.

SI cet enfant brûloit d'un tel amour en la Communion, il faut dire qu'il eſtoit bien preparé ; car le feu n'enflâme qu'une matiere bien diſpoſée, quoy qu'il communique de la chaleur à tout ce qui l'approche. Or cette preparation conſiſtoit premierement en la frequentation de ces myſteres, qu'il recevoit pour l'ordinaire tous les huit jours, ſçachant bien qu'il n'y a pas de meilleur moyen pour s'échauffer, que d'approcher du feu, & d'eſtre net, que de ſe laver dans la fontaine, ny de ſe guerir, que de viſiter ſon Medecin, ny de ſe fortifier, que

que de prendre une bonne nourriture. Secondement, au bon reg'ement de ses mœurs, veillant soigneusement à ne rien faire pendant la semaine, qui pûst soüiller son innocence. Vn des ses Maistres m'a écrit que luy ayant une fois demandé s'il avoit horreur du peché, il luy répondit frapant du pied contre terre, & comme emporté d'une sainte colere, *Qu'il aim roit mieux estre abysmé.* Vn an auparavant estant malade à l'extremité, il luy témoigna avoir un grand desir de mourir, *pour ne plus*, disoit-il, *off nser Dieu.*

Apres trois mois de probation il fit une Confession generale de toute sa vie, suivant la coûtume de la Congregation, avec tant de larmes & de sanglots, que le Pere n'osa luy parler de Dieu, mais le renvoya promptement, craignant que ses compagnons, qui estoient proches de là, ne conçussent de sa douleur quelque opinion prejudiciable à son innocence. Ce n'est donc pas merveille qu'une ame si pure & si bien preparée ſentit tant de douceurs en mangeant cette viande, qui fait le mets du Paradis, & qui n'eſt fade & inſipide qu'aux infideles ou aux malades.

CHAPITRE V.

Ses Entretiens de Devotion.

COMME le pain materiel fortifie le corps, il ne faut point demander ſi ce pain des Anges donnoit de la vigueur à cette ame Angelique; & parce que le cœur ſe décharge ſur la langue, & luy donne ſes bonnes ou mauvaiſes qualitez, pour connoiſtre cet enfant, il faut l'entendre parler. Croiriez-vous que ſon entretien ordinaire n'eſtoit que de la mort & de l'eternité? Vne honneſte Damoiſelle de ſes parens, chez qui il demeuroit, m'a dit qu'il eſtoit tranſporté de joye quand on tomboit ſur cette matiere, & que pour le recréer, il luy falloit parler de mourir. C'eſtoit un fruit meur, qui ne demandoit qu'à tomber. En toutes les compagnies, ſes delices eſtoient de parler de devotion ; & c'eſt une merveille combien ce jeune enfant eſtoit diſert & fecond ſur ce ſujet. Vn de ſes Maiſtres m'écrit de luy en ces termes : Il avoit une grande tendreſſe pour Dieu, que j'ay remarquée plus particulierement, lors que parlant des choſes du Ciel, je l'ay veu fondre en larmes ; & ſon cœur quelque-fois eſtoit ſi enflâmé, qu'il ne pouvoit s'empeſcher d'éclater en ſoûpirs en preſence de ſes compagnons.

CHAPITRE VI.

Son Zele à empeſcher le mal.

SI les formes ſont bien ou mal receuës ſelon la diſpoſition du ſujet, Clarentin qui avoit une ſoif inſatiable des bons diſcours, par les loix des contraires, devoit avoir une horreur extrême des mauvais qui empeſtent le cœur , comme eſtant des exhalaiſons d'une ame gâtée & corrompuë. Pour s'en preſerver, il ſe muniſſoit de force & d'adreſſe ; de force, pour les rejetter ouvertement, comme un ſaint Bernardin, diſant, *qu'il ne falloit pas tenir ces diſcours devant un Congreganiſte*; d'adreſſe, les faiſant couler inſenſiblement ſur un autre ſujet par les ouvertures que luy donnoit ſon eſprit & ſa pieté. Mais il avoit une grace & une authorité ſinguliere à appaiſer les querelles, qui naiſſent entre les Ecoliers; & quoy qu'il fuſt luy-meſme, comme j'ay dit, d'un naturel chaud & colere, on le voyoit rarement faſché. Que s'il luy arrivoit quelque-fois de ſe laiſſer emporter (comme lors qu'on le reprenoit, ce ſemble, ſans ſujet ; car c'eſt ce qu'il avoit plus de peine à digerer) ſoudain rentrant en ſoy-meſme, il demandoit tres-humblement pardon & remercioit de la correction qu'on luy avoit faite, donnant preſque deſir à ceux qui le gouvernoient, de le voir tomber dans ces petites fautes, pour en tirer de si grandes satisfactions.

CHAPITRE VII.

Sa Charité envers les Pauvres.

QUOY que tout ce que j'ay dit soit rare en un enfant de son âge & de son naturel, je ne trouve rien neantmoins de plus recommandable, que l'affection tendre qu'il avoit pour les pauvres. Il estoit si liberal, qu'il pouvoit dire avec Iob que la compassion & luy estoient de mesme âge; & comme elle estoit née avec luy, il estoit crû avec elle. Quand il avoit de l'argent, il ne refusoit jamais un pauvre, sçachant que c'estoit le Fils de Dieu qu'il assistoit en sa personne; & s'il eût osé faire un peché, ce fut esté de prendre pour leur donner. Il partageoit également son petit fond avec eux; & un peu avant sa mort, il avoit promis ſix paires de chauſſes & de ſouliers à ſix pauvres, ſe confiant que la charité de ſes parens les fourniroit. Auſſi lors qu'on porta ſon corps en terre à Noſtre-Dame de Foy, les pauvres qui eſtoient à la porte, gemiſſoient, & diſoient : *Helas ! helas ! le petit Monſieur ne nous donnera plus l'aumoſne, comme il avoit touſiours de couſtume.* Voila les triſtes acclamations des pauvres, & les glorieux Eloges de Clarentin.

SA MALADIE ET SA MORT.

SECONDE PARTIE.

IOB en ſa proſperité demeura caché dans ſon Palais ; mais dans ſon adversité Dieu le produisit sur son fumier, comme sur le theatre de la douleur, afin que tout l'Vnivers fust spectateur de sa constance. La vie de Charles Clarentin a esté assez éclatante, pour se faire connoistre & admirer de ceux de son pays. Mais sa mort doit estre regardée des yeux de tout le monde, comme un phare lumineux, qui montre le chemin qu'on doit tenir pour arriver au port, ou comme un beau modelle, sur lequel chacun peut apprendre à bien mourir.

CHAPITRE PREMIER.

La violence de son mal, & sa constance à le souffrir.

IL n'y avoit guere plus de quinze jours qu'il s'estoit devoüé au service de Nostre-Dame, selon la forme de la Congregation, & qu'apres une Confession generale de toute sa vie, il avoit receu l'Indulgence pleniere qui se gagne en y entrant, lors qu'il fut saisi d'un mal de costé, qui fut par aprés suivy d'une grosse fiévre, d'une toux continuelle, & d'une douleur par tout le corps.

Il appelle aussi tost le Pere de la Congregation, qui l'alla voir en compagnie de son Maistre ; & trouva ce pauvre enfant aux prises avec la douleur. Il luy dit d'abord : Quest-ce là, mon fils? vous voila bien tourmenté. *O mon Pere*, répondit cet enfant, étendant les bras à son abord pour marque de sa joye, *je vous le confesse, ce n'est point un mal, mais un martyre.* Hé bien, vous estes content de souffrir cela pour l'amour de Dieu, luy dit le Pere. *Ouy déa*, répond-il; *& encore plus, s'il le trouve bon.*

Il avoit fait mettre devant ses yeux une Image de nostre Seigneur en croix: Voyez-vous celuy-là, poursuivit le Pere, il estoit plus durement couché que vous, il n'avoit membre sans douleur, & douleur qui ne fust dans l'excés : Regardez ſur tout la playe de ce coſté, & elle adoucira la douleur du voſtre. Alors ce bon enfant jettant un soûpir : *Helas*, dit-il, *mon Pere, c'eſt pour cela que je l'ay fait mettre devant moy ; je voy bien qu'il a ſouffert tout ce que j'endure, & infiniment plus ; mais il y a cette difference entre luy & moy, qu'il eſtoit innocent, & moy je ſuis coupable.* Cette réponſe ſurprit ceux qui eſtoient preſens, qui ne l'attendoient pas d'un enfant de tel âge & en tel eſtat.

CHAPITRE II.

Il fait vœu à Noſtre-Dame de la Congregation.

IL eſtoit venu le matin en penſée au Pere, lors qu'il prioit Dieu pour luy en la ſainte Meſſe, de luy faire faire un vœu à Noſtre-Dame de la Congregation, & d'écrire ce qui ſe paſſeroit en ſa maladie, & comme cette pensée luy avoit roulé tout le jour dans l'esprit. Il luy demanda alors s'il n'avoit point dessein de faire quelque vœu ? A qui, poursuit le Pere : *A Nostre-Dame de Foy* ? (c'est une Image miraculeuse qui est en l'Eglise des Peres Augustins, à qui on adresse tous les vœux :) *Non*, dit-il incontinent, *mais à Nostre-Dame de la Congregation à qui je vouë une Messe*. Le Pere fut d'autant plus surpris que c'est le premier vœu qu'on sçache qui s'y soit fait, & qu'il estoit entré dans sa pensée, quoy qu'il luy en eust proposé un autre, ce qui luy fit croire que Dieu avoit quelque dessein sur ce malade.

CHAPITRE III.

Sa Confession & preparation à la mort.

Le troisiéme jour voyant sa fiévre augmentée & sa voix diminuée, il fit appeller promptement le Pere de la Congregation, auquel il dit d'une voix basse & enroüée : *Tost, tost, mon Pere confessez-moy.* Celuy-cy luy disant qu'il n'estoit pas encore en danger : *Pardonnez-moy*, répond-il, *c'est fait de moy, hastons-nous, & ne perdons point de temps.* Il falut luy donner cette satisfaction, il se confesse de la vie passée, & puis apres l'absolution, il demande au Pere s'il ne pouvoit pas estre enterré en la Congregation ? Ayant sceu que non : *Que ce soit donc je vous supplie, en l'Eglise des Peres Augustins, devant l'Autel de Nostre-Dame de Foy. Et j'espere que les Congreganistes me feront la charité d'assister à mes funerailles, comme je les en prie. Pour vous, mon Pere, quand la parole m'aura manqué admonestez-moy bien.* Ce sont ces termes qu'il prononçoit d'un accent, d'un geste, & d'un visage qu'on ne sçauroit exprimer.

Le Pere tascha plusieurs fois de le détourner de la pensée de la mort, qu'il voyoit bien n'estre pas si proche ;

mais ce fut en vain, car il retournoit toûjours sur ce discours. Et apres avoir declaré quelques vœux qu'il n'avoit pas acquitté, il desira sçavoir la façon de bien mourir que le Pere fut obligé de luy enseigner, commençant par l'intention qui doit faire le premier pas, & qu'il luy fit dresser de la sorte :

CHAPITRE IV.

Le Pere luy fit dresser ses intentions.

OR sus, mon fils, si Dieu vous appelloit, ne seriez-vous pas content de mourir, pour reconnoistre par la separation de vostre ame d'avec vostre corps, comme par un glorieux sacrifice, dont vous serez la victime, le souverain domaine qu'il a sur vous, & sur toutes les creatures: *Ouy mon Pere*, répond le malade.

Secondement, vous sçavez les obligations generales & particulieres que vous avez à Dieu. Il a basty ce grand monde pour vous, & vous y a traité splendidement l'espace de quinze ans, vous faisant servir par toutes ses creatures, & par les Princes de sa Cour. Il ne faut pas sortir d'une maison où l'on a esté bien traité, sans en remercier le Maistre, principalement s'il y a fait de grands frais sans y estre obligé. Or Dieu a employé pour vous nourrir un million de creatures que vous avez consommées. Et pour nourrir vostre ame, que n'a-t'il point fait? Il n'a pas épargné la vie de son propre fils, dont il vous a donné la chair à manger, & le sang à boire, sans parler des autres biens qu'il vous a fait, quand ce ne seroit que celuy de vous donner du temps pour vous preparer à la mort: *Quid retribuam Domino pro omnibus quæ retribuit mihi.* Que luy rendrons-nous pour tant de biens, vous n'avez rien de plus cher que la vie; ne seriez-vous pas content de la luy donner en reconnoissance? *Tres-content, mon*

Pere, répond le petit malade, avec grand plaisir & sentiment des obligations qu'il avoit à Dieu, & apres luy en avoir laissé savourer les motifs, le Pere poursuit :

Puis que la mort est la peine du peché, & qu'un seul veniel merite de plus grands tourmens que n'en ont souffert les Martyrs, n'acceptez-vous pas vostre maladie, & ne mourrez-vous pas volontiers pour satisfaire à la Iustice de Dieu que vous avez offensé? *Ouy*, dit-il, *mon Pere*, *tres-volontiers*.

Enfin, Charles, mon fils, vous avez un bon cœur, & qui ne veut point se laisser vaincre en amour. Or Dieu vous a témoigné le sien en prodiguant sa vie & s'aneantissant pour vous. Que ferez-vous doncques pour luy, ayant lors témoigné le desir qu'il avoit de mourir & de s'aneantir pour son amour. Le Pere luy dit : Mon fils, je m'en vay en faire à Dieu la protestation pour vous, acquiescez seulement d'esprit à cette offrande, & dites de cœur ce que je m'en vay dire de bouche en vostre nom.

Actes qu'on doit former avant que de mourir.

CHAPITRE V.

Accepter la mort pour honorer Dieu.

I.

SOUVERAINE & adorable Majesté, qui m'avez mis au monde, & qui m'y avez conservé jusques à present, pour vous servir & honorer ; voicy qu'étendu sur ce lit mortel, prés de rendre l'ame, si c'est vostre bon plaisir, je confesse que vous estes mon Dieu ; je vous adore avec des respects infinis ; je crois tout ce que vous nous avez revelé par la sainte Eglise ; je me soûmets à toutes vos volontez ; j'accepte la mort avec toutes ses suites & ses circonstances, & proteste devant le Ciel & la terre que c'est du fond de mon cœur & avec beaucoup de satisfaction que je me sacrifie en qualité de victime à l'honneur & à la gloire de vostre divine Majesté. O ! que je suis content de pouvoir mourir, pour honorer par ma mort l'immortalité de vostre estre. O ! qu'il est juste que ce corps qui vous a offensé, soit détruit & reduit en cendre. Mon Dieu, si vostre vie dépendoit de la mienne, je voudrois perdre la mienne pour asseurer la vostre ; & si vostre immortalité dépendoit de ma mort, je voudrois mourir pour vous faire vivre. O que n'ay-je mille vies, pour vous les sacrifier ! Ie n'en ay qu'une, mon Dieu, que j'ay receuë de vous ; mais qui n'est pas capable de vous honorer selon vos merites. Ie vous offre donc avec la mienne celle de vostre Fils bien-aimé, je vous presente sa mort & son aneantissement ; & dans l'union du Sacrifice qu'il vous fit, je dis avec luy : *Ita, Pater,*

ter, ſic placitum eſt ante te. Ouy, mon Dieu, je le veux, parce que tel eſt voſtre bon plaiſir.

Pour le remercier.

I I.

MON Dieu, je meriterois l'Enfer, ſi je ſortois de ce monde ſans vous remercier de tous les biens que vous m'avez faits, & des bontez paternelles que vous avez euës pour moy. Que vous rendray-je pour tant de faveurs que j'ay receües de voſtre main liberale? Ie ſuis un composé de vos bien-faits; depuis que je ſuis au monde, je ne reſpire que vos graces, & je ne ſubſiſte que par voſtre amour. Combien de fois m'avez-vous preſervé de la mort? que de déspenſes avez-vous faites pour me nourrir? que de creatures avez-vous conſumées pour me maintenir? Mais que n'avez-vous point fait pour le ſalut de mon ame? Mon Dieu, vos miſericordes en mon endroit ſont infinies, & il me faut une eternité pour les reconnoiſtre. Mais pour ne pas ſortir de ce monde ſans quelque ſorte de reconnoiſſance, je vous remercie, mon Dieu, de tout mon cœur du grand ſoin que vous avez pris de moy, & des grands frais que vous avez faits pour mon corps & pour mon ame; je vous rends grace de la vie naturelle que vous m'avez donnée, de voſtre Soleil qui m'a éclairé, de voſtre feu qui m'a échauffé, de voſtre terre qui m'a porté, de voſtre air qui m'a animé, de toutes vos creatures qui m'ont nourry & conſervé. Mais ſur tout je vous remercie de la vie ſurnaturelle de la grace que vous m'avez donnée. O mon Dieu! c'eſt trop peu qu'une eternité, pour vous remercier du ſoin que vous avez pris de mon ame, des maux dont vous l'avez preſervée, des pechez que vous luy avez pardonnez, des miſericordes infinies dont vous l'avez remplie & couronnée. Que vous rendray-je pour tant de bien-faits? ſi j'avois cent mille vies je les devrois donner en reconnoissance. Mon Dieu je n'en ay qu'une que j'ay receuë de vous, & que j'ay merité de perdre une infinité de fois. Elle ne tient plus qu'à un petit filet : Recevez-la, mon Seigneur, en union de celle de vostre fils ; agréez cette petite reconnoissance des mains de vostre serviteur. Il ne dépend pas de moy de mourir ou de ne pas mourir ; mais je meurs aussi volontiers que si ma mort dépendoit de moy, & je dis dans le mesme esprit & la mesme resignation que vostre fils, *Ita Pater quoniam sic*, &c. *Ouy, mon Pere, je veux mourir puisque vous le voulez, & que le sacrifice de ma vie vous est agreable.*

Pour satisfaire à sa Iustice.

III.

Mais helas ! mon Dieu, je serois trop heureux si je n'estois qu'ingrat, je suis encore criminel ; & comme tel je dois perdre la vie. Vous m'avez combattu par vos bien-faits, je vous ay resisté par mes outrages: Vous m'avez enrichy de vos faveurs, & je vous ay payé d'ingratitudes; j'ay fait de tous vos biens des instrumens d'iniquité; & par un étrange dereglement je me suis servy de vostre bonté pour provoquer vostre Iustice. Qu'ay-je fait de la vie que vous m'avez donnée? A quoy ay-je employé quinze de mes années? Quel service vous ay-je rendu, moy qui me devois à chaque moment immoler à vostre gloire? Ie reconnois, mon Dieu, que j'ay fait peu de chose pour vous, & beaucoup contre vous, je confesse avoir commis plusieurs fautes, & avant que de sortir de ce monde, j'en fais reparation à vostre Iustice offensée, en chemise, comme vous me voyez, la corde au col, & la torche au poing comme je desirerois. Ouy, mon Seigneur, je proteste que j'ay eu tort de vous offenser, & puis que j'ay si mal usé de la vie, je suis content de la perdre. Ie veux donc mourir sur ce lict comme sur un échaffaut, & veux estre executé par le bras de la mort à la veuë de toutes les creatures. Helas! je ne merite point de mourir si à mon aise, & je suis bien honteux de me voir sur un bon lict pendant que vostre cher Fils expire pour moy sur une dure croix.

Puis que je n'ay pas ce bon-heur, acceptez, mon Dieu, le peu de vie qui me reste, & les incommoditez de la maladie que je souffre. O que je suis marry de vous avoir offensé, mon cher Pere, & mon souverain Seigneur! je n'ay pas les reins assez forts pour porter la peine qui m'est deuë, & ma vie est un payement trop leger pour tant de debtes: C'est pourquoy dans mon impuissance, je vous offre la mort & les tourmens de vostre fils unique, & vous prie de les recevoir en satisfaction, disant avec luy: *Ita Pater*, &c. *Ouy, mon Pere, je veux mourir, puisque vous agréez ma mort en punition de mes crimes.*

IV.

MAis quand je ne devrois pas mourir par justice, je voudrois mourir par amour de vous & de vostre Fils, qui a bien daigné pour moy perdre la vie. O mon doux & charitable Redempteur! que je me tiens heureux de pouvoir mourir, & de vous témoigner par la perte de ce qui m'est de plus cher, que je vous ayme plus que moy-mesme. O si je pouvois combattre les tyrans, & seeller mon amour du plus pur sang de mes veines! puis que je ne puis mourir pour la Foy, je veux mourir pour la charité, & abandonne tres-volontiers pour vostre saint Nom, pere, mere, parens, amis, honneurs, richesses, plaisirs, esperances; voire mesme mon propre corps, & la vie dont il joüit. Ie dis d'affection avec vostre Apostre: *Eamus & nos, & moriamur cum illo.* Allons & mourons avec luy. Ie consens à l'Arrest que vous avez prononcé sur moy, j'accepte la mort avec toutes ses suittes, je renonce aux suggestions de satan, & desavoüe dés à present tout ce qu'il me pourroit faire, dire, ou penser au prejudice de vostre gloire. Enfin je baisse la teste, je tens les mains, je presente le col, & dis avec respect & amour : *Ita Pater quoniam sic placitum.* Ouy, mon Pere, qu'ainsi soit fait, si c'est vostre bon plaisir.

Voila les actes que le Pere luy fit faire, quoy que non pas si au long que nous venons de déduire, & reserva à un autre jour le reste des instructions qu'il faut pratiquer à la mort, tant pour ne pas charger le malade, que pour luy donner loisir de ruminer ces doux sentimens, qui luy agreérent tellement, qu'il asseura que tout le jour il ne sentit presque pas de douleur, quoy qu'il fût matin, & qu'il crût alors estre prest de rendre l'ame.

CHAPITRE VI.

Il reçoit le Viatique.

LE mesme luy arriva le jour ſuivant qu'il receut noſtre Seigneur en Viatique ; car auparavant on euſt dit qu'il eſtoit en l'agonie : Mais ſi toſt qu'il l'eut receu, il ſentit en ſon ame une joye ſi extraordinaire que le corps en eut ſa part, & demeura le reſte du jour auſſi tranquile que s'il n'euſt point eſté malade.

Mais enfin voila l'apoſtume qui creve, & qui répand ſon venin ſur les poulmons qui nageoient dans le pus, & en furent tous ulcerez, comme on vit l'ayant ouvert apres ſa mort. On ne ſçauroit expliquer les tourmens qu'il ſentit alors, & depuis juſques à la fin de ſa vie. Il perd la voix ; la toux & la fiévre augmentent ; l'eſtomach eſt plus oppreſſé, & comme il croyoit s'en aller mourir, il appelle le Pere pour recevoir les dernieres instructions, lequel estant venu, & voyant ce pauvre enfant suant de toutes parts pour la violence du mal, brûlé de la fiévre, & haletant de la douleur qui l'oppressoit, il luy demande comme il se porte : Luy qui cachoit son mal tant qu'il pouvoit aux autres ; mais qui eut fait conscience de rien dissimuler à son Confesseur, luy dit d'une voix interrompuë pour la difficulté qu'il avoit de parler, & mettant ses deux mains sur sa poictrine : *Mon Pere, pour le corps je vous avouë qu'il souffre beaucoup ; mais mon ame est remplie de tant de consolations que j'ay de la peine à les contenir.* Le Pere alors luy montra un petit Crucifix qu'il luy avoit promis pour tenir en sa main. Si tost qu'il le vit : *O*, dit-il, tout joyeux avec un petit soûris, quoy qu'avec peine : *Rien de plus beau, rien de plus beau, rien de plus beau*, puis le baise amoureusement, & l'embrasse avec des paroles douces & spirituelles, qui ne donnoient pas moins d'admiration que de devotion à ceux qui l'entendoient. Il avoit de la peine à se souvenir d'un beau mot de S. Ignace le Martyr ; son Maistre qui estoit present luy ayant suggeré, il repeta plusieurs fois avec beaucoup de tendresse : *Amor meus crucifixus est, & ego vivo ! Mon amour est crucifié, & je suis encore en vie.* Ce sont paroles d'amant. En voicy de guerrier.

CHAPITRE VII.

Sa confiance en nostre Seigneur.

AYANT baisé souvent & embrassé sa petite Croix, il la prend à sa main droite ; & étendant le bras, d'un visage meslé de joye & de colere, *Qui osera*, dit-il, *m'attaquer desormais avec cette défense ? qui s'osera prendre à moy ? Ie t'en défie.* Et lors mettant son Crucifix à son costé sur son mouchoir, comme sur un petit coussin, *Voila*, dit-il, *mon épée, voila mon escorte & ma sauvegarde, voila ma cuirasse & mon bouclier.* Ce qu'il prononça de si bonne grace & avec un geste si bien compassé, que tous les assistans en estoient ravis.

CHAPITRE VIII.

Belle pratique de bien mourir à l'exemple de nostre Seigneur.

EN suite, le Pere luy enseigna le reste de la pratique de bien mourir, en cette maniere. Comme il n'y eut jamais de plus belle vie que celle de nostre Seigneur : aussi ne peut-il y avoir de plus belle mort que la sienne ; puis que c'est celle d'un Dieu, & du premier des hommes : partant, c'est de luy qu'il faut apprendre à bien mourir, aussi bien qu'à vivre. Imaginez-vous donc, mon fils, que vous estes sur vostre lict comme sur une Croix; & prestez l'oreille aux paroles d'un

Dieu mourant, que vous tâcherez d'avoir de temps en temps, & au cœur, & à la bouche.

Premiere parole du Fils de Dieu mourant en Croix, & du malade sur son lict.

§. I.

VOICY la premiere qu'il profera, & qu'il fait encore éclater pour nous de dessus cette Croix: *Pater, ignosce illis, quia nesciunt quid faciunt.* Mon Pere, pardonnez à ce malade les pechez qu'il a commis contre vous, il ne sçavoit ce qu'il faisoit, il ne connoissoit pas l'excez de vos misericordes, ny la rigueur de vos châtimens; il ne pensoit pas qu'un peché fust un si grand mal. Pardonnez-luy, mon Pere, je vous en conjure par ma vie & par ma mort, & par le sang qui coule de toutes mes veines. Pour vous, mon fils, quand vous entendrez vostre Sauveur priant pour vous les larmes aux yeux, (car il vous avoit lors dans l'esprit) unissez-vous avec luy, & priez son Pere par le merite de la Passion de son Fils, & sur tout de cette Oraison toute-puissante, de vous pardonner vos pechez. Mais parce que la misericorde de Dieu se regle sur la nostre, & qu'il est impossible d'obtenir de luy ce qu'on refuse à son prochain; protestez-luy que vous pardonnez de tres-bon cœur à tous ceux qui vous ont offensé. C'est la premiere chose que doit pratiquer un malade, puis qu'il n'y a point de misericorde pour celuy qui n'en fait point. Et c'est ce que nostre enfant pratiqua jusqu'à la mort: car il demanda pardon à tous ceux qu'il croyoit avoir offensez, & avoit souvent en la bouche le nom d'une personne qui avoit mal traité ses parens, pour la recommander à Dieu.

Seconde parole.

§. 2.

LA seconde parole du Fils de Dieu en Croix, est celle qu'il adressa au bon Larron, en la place duquel, luy dit le Pere, il nous faut mettre, puisque par nos pechez nous dérobons la gloire de Dieu, & le dépoüillons de son Empire. Dites donc avec luy, quand vous vous en souviendrez : Ie confesse, mon Sauveur, que vous estes le Fils de Dieu vivant, & le Roy de l'Vnivers. *Memento mei, Domine, qui venisti in Regnum tuum.* Mon Seigneur, de grace souvenez-vous de moy, maintenant que vous estes arrivé en vostre Royaume. C'est ce que vous luy direz de bouche ou de cœur : Et alors il vous répondra: *Amen dico tibi, hodie mecum eris in Paradiso.* Ie te donne ma parole que tu seras aujourd'huy en Paradis avec moy.

L'enfant tressaillit de joye à ces mots. Mais vous, poursuit le Pere, vous confesserez avec humilité que vous n'estes pas digne d'entrer en son Royaume, ny d'avoir part à son bonheur ; que vous l'esperez neantmoins de l'excez de sa bonté. En suite vous le prierez d'agréer vos petites souffrances, en union des siennes, pour obtenir cette faveur. O heureux moment, auquel le Fils de Dieu nous appellera à soy ! *Il y a long-temps*, répond le malade, *qu'il m'appelle*. Croyez-vous, dit le Pere, que vous mourrez ? *Ouy*, dit-il, *je le crois, car il y a long-temps qu'il m'appelle, il y a long-temps qu'il m'appelle.* Ayant prononcé trois fois ces paroles, il se tût.

Troisiéme parole.

§. 3.

QVELQUE temps apres le Pere reprit le discours ; & luy montrant le Crucifix qu'il tenoit en main, luy dit : Ecoutez, mon fils, cette troisiéme parole de vostre Dieu mourant: *Mulier, ecce Filius tuus : Fili, ecce Mater tua.* Ma Mere, voila vostre fils Clarentin, qui est malade ; mon fils, voila vostre Mere, qui aura soin de vous. On ne sçauroit exprimer la joye dont fut saisi ce pauvre enfant. A ces paroles, on eust dit qu'il avoit du miel dans la bouche, qu'il ſavouroit delicieuſement; & quoy qu'il fuſt travaillé de tres-grandes douleurs, neanmoins on voyoit le ſoûris ſur ſes lévres, l'amour en ſes yeux, la joye ſur le viſage, qui éclata davantage lors que le Pere en ſon nom adreſſa ces paroles de l'Egliſe à Noſtre-Dame: *Monſtra te eſſe Matrem, ſumat per te preces qui pro nobis natus tulit eſſe tuus.* Sainte Vierge, montrez que vous eſtes noſtre Mere, ſuppliez pour nous celuy qui n'a point dedaigné d'eſtre voſtre Fils, pour eſtre noſtre Sauveur. *Maria Mater gratiæ, Mater miſericordiæ*, &c. Marie Mere de grace & de miſericorde, protegez-nous de noſtre ennemy, & nous recevez à l'heure de la mort. Il adjoûta à ces paroles une autre Oraiſon fort devote à Noſtre-Dame, qu'il repeta preſque juſques au dernier ſoûpir.

Quatriéme

Quatriéme parole.

§. 4.

OR parceque les malades sont saisis souvent de grandes frayeurs, de noires melancholies, d'abatemens de cœur, & d'affreuses desolations, soit que la nature succombe au mal, & cause ces tristesses, soit que le Demon en soit l'autheur, soit que Dieu retire ses consolations, & fasse boire une ame au Calice de son Fils, soit enfin que tous trois conspirent à sa peine ou à son merite : le Pere luy donna cet advis, que lors qu'il se sentiroit combatu de frayeurs ou de tristesses, il entendist le Fils de Dieu criant à haute voix : *Deus meus, Deus meus, ut quid me dereliquisti ?* Mon Dieu, mon Dieu, pourquoy m'avez-vous delaissé ? qu'il devoit se ressouvenir que Iesus-Christ par ce grand & effroyable abandonnement, qui estoit deu au pecheur à l'heure de son trépas, avoit merité qu'il ne fust point abandonné;

qu'il falloit avoir confiance en Dieu, & le prier par le delaissement de son Fils, de ne nous point delaisser, luy disant avec David: *Dum defecerit virtus mea, ne derelinquas me.* O mon Dieu, quand j'auray perdu les forces, & que toutes les creatures m'auront abandonné, je vous conjure par le delaissement de mon Sauveur, de ne me point abandonner, mais de me proteger sous l'ombre de vos aisles contre la fureur de mes ennemis.

Cinquiéme parole.

§. 5.

LA cinquiéme parole, poursuit le Pere, que profera IESUS-CHRIST en Croix, fut: *Sitio*, j'ay soif, & selon le corps, & selon l'ame; selon le corps, je desire un peu de rafraischissement; selon l'ame, le salut de tous les hommes. O quelle confiance nous faut-il avoir en celuy qui meurt de soif de nostre salut & qui a versé pour cela jusques à la derniere goutte de son ſang ! Mais puis qu'il a voulu eſtre raſſaſié de fiel & de vinaigre, de douleurs & d'opprobres, n'eſt-il pas raiſonnable que nous goûtions à ſon Calice, & que nous ſoyons alterez de ſouffrances ? Partant, mon fils, ſouffrez pour l'amour de celuy qui brûle de ſoif & d'amour pour vous, les ardeurs de voſtre fiévre detrempez dans vos medecines, le fiel dont il a eſté abreuvé, & ſavourez toutes les amertumes qu'on vous preſentera, ſans vous plaindre ou les rejetter. *O mon Pere*, dit le pauvre enfant, *je prens tout ce qu'on me donne, & graces à Dieu je ne refuſe rien.* C'eſt comme il faut faire, répond le Pere ; & quand vous agiſſez de la ſorte, vous étanchez la ſoif du Fils de Dieu, & vous adouciſſez ſes amertumes. Mais auſſi de voſtre part vous pourrez luy repreſenter la ſoif qui vous brûle, & le deſir inſatiable que vous avez de le voir, luy diſant avec ſon Prophete : *Sitivit in te anima mea, quàm multipliciter tibi caro mea.*

Sitivit anima mea ad Deum fortem vivum, quando veniam & apparebo ante te. Mon Dieu, je brûle du desir de vous voir, mon ame est comme une terre extremement alterée, qui demande un peu d'eau, ou comme un pauvre cerf poursuivy de la meute, qui court à la fraischeur des eaux. O quand sera-ce que vous m'appellerez à vous, & que j'auray le bien d'envisager vostre face! Quand iray-je au Ciel vous benir une eternité? *Educ de custodia animam meam, ad confitendum tibi.* Tirez-moy promptement de cette prison où je suis enfermé depuis tant d'années.

Sixiéme parole.

§. 6.

PVIS quand vous verrez que vostre fin approchera, vous entendrez vostre bon Maistre, qui vous criera à haute voix: *Consummatum est.* C'en est fait, l'Holocauste est consommé, les volontez de mon Pere sont accomplies, les Propheties sont verifiées, la rançon est payée, les captifs sont délivrez, tout le monde est reparé. O mon Sauveur, luy direz-vous, mon salut est le chef-d'œuvre de vos mains, & le prix de vostre Sang : Ne souffrez donc pas que cette piece manque à vostre ouvrage. Vostre Redemption seroit, pour ainsi dire, imparfaite, si je n'en recevois pas le fruit. O que ne puis-je estre consommé comme vous par le feu de la charité, & par un sacrifice d'obeïssance. Tous mes jours sont passez, mes biens & mes maux sont passez ; tout est passé & consommé, il n'y a que l'Eternité qui demeure. *Operi manuum tuarum porrige dexteram.* Achevez, mon Dieu, ce que vous avez commencé, & mettez la derniere main à vostre ouvrage. Si je n'ay pas vescu pour vous, je veux mourir pour vous, & estre comme une victime immolée à vostre gloire.

Septiéme parole.

§. 7.

ENFIN, conclud le Pere, quand vous sentirez vostre ame se détacher de vostre corps, vous la rendrez à celuy qui vous l'a donnée, & vous resignant entre ses mains pour le temps & pour l'eternité dans un abandon total & une acceptation de tous ses ordres, vous luy direz avec son Fils: *In manus tuas commendo spiritum meum.* Mon Pere, je recommande mon esprit entre vos mains; & baissant la teste pour marque d'acquiescement, vous rendrez l'esprit en la presence & entre les bras de la Vierge, vostre bonne Mere, qui vous assistera jusques à la fin.

Voila la pratique de bien mourir, qu'enseigna le Pere, quoy que plus succinctement à Charles Clarentin, l'avertissant de ne pas se faire violence à retenir tout ce discours, mais de s'arrester au premier qui luy viendroit en pensée, lors qu'il jetteroit les yeux ſur ſon Crucifix, & que de temps en temps il luy en rafraiſchiroit la memoire.

Il n'eſt pas croyable combien cette devotion luy plût. Auſſi en fit-il un bon uſage juſques à la mort, comme je diray tout maintenant, apres avoir rapporté quelque choſe de ſa maladie, qui fut longue & facheuſe, pour faire éclater plus hautement ſa patience.

CHAPITRE IX.

Il reçoit l'Extreme-Onction.

LE cinquiéme jour ſa fiévre eſtant tres-violente, & ſa voix plus foible, le Pere luy demanda s'il ne deſiroit pas recevoir l'Extreme-Onction, qui eſt un Sacrement profitable à la ſanté du corps auſſi bien qu'à celle de l'ame. Le malade auſſi-toſt prie qu'on luy procure ce bien; & pour marque qu'il en attendoit des ſecours ſpirituels plûtoſt que de corporels, il appelle sa mere, & luy declare avec une merveilleuse tranquillité d'esprit ce qu'il doit & ce qui luy est dû, les vœux qu'il a faits, & qu'il ne peut accomplir, & les devoirs qu'il desire qu'on luy rende apres sa mort. Et comme les domestiques fondoient en larmes sur cette fausse persuasion, que c'est donner la mort à un malade, que de luy donner ce Sacrement : il s'écrie le plus fortement qu'il pût : *Qu'on ne pleure point icy, que je ne voye point de larmes : Lætamini in Domino, Réjoüissez-vous au Seigneur.* Puis tout bas en soy-mesme : *Lætatus sum in his quæ dicta sunt mihi, in domum Domini ibimus. Ie me réjoüy sur les paroles que l'on m'a dites : Nous irons en la maison du Seigneur.*

C'estoit à la verité une chose merveilleuse de voir un Ecolier de Troisiéme, de l'âge de quinze ans, parler presque toûjours Latin, & citer les Passages de l'Ecriture si justes & si à propos, qu'on ne pouvoit douter que ce ne fust le Saint Esprit qui parlast par sa bouche. Mais il faisoit beau le voir lors que l'on faisoit les prieres pour luy, & qu'on luy donnoit les saintes Huyles. Car pendant tout ce temps-là il avoit sa teste un peu enclinée sur son Crucifix, qu'il tenoit en main, & prioit d'une oraison si douce & si tranquille, qu'il estoit aisé de juger par l'exterieur de son corps, que son ame au dedans recevoit l'Onction d'une grace extraordinaire.

CHAPITRE X.

Il console ceux qui le vont consoler.

CES ceremonies estant achevées, le Pere s'approche de luy; & luy demande s'il estoit content. *Tres-content*, dit-il. Puis, comme il luy representoit les bontez de Dieu en son endroit, de ce que quinze jours apres sa Confession generale & son entrée en la Congregation, il estoit tombé en cette maladie: il répond tout joyeux par ces paroles de David : *Non fecit taliter omni nationi : il n'a pas fait une telle grace a tout le monde.* Ceux qui étoient là presens, l'oyant ainsi parler, estoient surpris d'étonnement. Mais il n'y avoit pas moyen de retenir ses larmes, lors qu'on le regardoit; car il faut confesser qu'il avoit je ne sçay quels attraits dans les yeux, & un soûris sur les lévres, qui emportoient les cœurs. Aussi fut-il obligé pendant toute sa maladie, de consoler ceux qui le venoient consoler; entr'autre voyant son Maistre se retirer de temps en temps pour essuyer ses yeux, il dit tout bas à son Confesseur qui estoit proche de luy: *Mon Pere, mon Maistre s'afflige:* mais cela d'une voix, d'un geste, d'un accent qui perçoit le cœur, & tira les larmes des yeux de celuy à qui il parloit, qui luy répondit avec peine que c'estoient larmes de joye de le voir si patient ; & non pas de tristesse de le voir souffrir. Et parce que sa mere se laissoit quelquefois emporter à la douleur, il dissimuloit son mal tant qu'il pouvoit en sa presence, & luy disoit quelquefois la voyant pleurer : *Ma mere, pourquoy vous affligez-vous, ne suis-je pas bien-heureux de mourir à present que j'ay receu tous mes Sacremens, & que Dieu me donne la liberté de penser à luy? Que sçavez-vous ce qui me fust arrivé si j'eusse vescu plus long-temps? Ne pleurez point, je vous en conjure ; mais remerciez N. Seigneur de la grace qu'il me fait.*

C'estoit un remede qui irritoit le mal plûtost que de l'adoucir, & le cœur qui recevoit quelque guerison par l'oreille, recevoit en mesme temps de nouvelles playes par les yeux ; car il jettoit des regards si vifs & si perçans qu'ils eussent tiré des larmes d'un rocher.

Ses compagnons alloient à la foule pour le voir & luy parler ; mais si tost qu'ils avoient mis le pied dans la chambre, ils demeuroient immobiles comme des statuës, sans luy pouvoir parler que des yeux, qui fondoient en larmes, voyans les maux qu'il souffroit, & les petits devoirs de civilité qu'il leur rendoit. Car comme il estoit fort civil de son naturel, & tres-bien élevé; si tost qu'ils entroient, il baisoit la main de bonne grace, enclinoit la teste, faisoit un petit soûris qui leur perçoit le cœur, & les faisoit distiller en pleurs, ne les laissant point aller sans leur donner quelque bonne instruction, & des témoignages de sa reconnoissance.

Chapitre XI.

Ses dernieres tentations.

Comme il est indubitable que jamais Enfant de la Vierge ne sera eternellement mal-heureux : Aussi faut-il avoüer qu'elle procure aux siens une belle mort, puis que c'est la porte de l'eternité. Et il est croyable que comme une bonne mere elle assiste au decez de ses enfans, pour s'estre trouvé à celuy de l'aisné, qui fait la regle de tous les autres. Du moins elle a fait voir a la mort de son cher Clarentin, qu'à peine permet-elle au diable de s'approcher de leur lict; car pendant l'espace presque d'un mois qu'il fut travaillé d'excessives douleurs on ne le vit jamais inquieté ny tenté à la façon des autres malades. Vne fois seulement on remarqua qu'il eut à déméler avec cét ancien serpent, qui épie toûjours le talon, c'est à dire la fin de la vie Car lors qu'il suoit sous la presse des tourmens, qui estoient ce jour-là excessifs, il se tourna tout à coup du costé du Pere, tenant en main son petit poignard, je veux dire sa croix; & d'un visage épanoüy il luy dit, quoy qu'avec peine: *Mon Pere, mon Pere, le Diable fait tous ses efforts pour m'empescher de consentir à la mort, mais il n'y gagnera rien.* Ayant dit cela joyeusement, il se remit en son premier estat de patience.

Vne autre fois il luy dit confidemment, mais comme s'éveillant en sursaut : *Mon Pere, il n'y a pas d'Enfer pour moy?* Non, mon fils, pourveu que vous attendiez cette grace des merites de Nostre Seigneur : *C'est comme je l'entens*, adjouste-t'il. Et voilà tous les combats qu'on ait remarqué luy avoir esté livrez.

Chapitre XII.

Remarques generales sur les vertus qu'il a pratiquées pendant sa maladie.

IE ferois un gros Volume si je voulois rapporter icy ce qu'il a fait ou dit l'espace de vingt six jours qu'il a esté malade, dont une bonne partie s'est échapée à ma memoire, ou n'est pas venuë à ma connoissance. Ceux qui l'assistoient, n'ayant pas eu le soin de recueillir les perles qui devoient enrichir cét Ouvrage, soit parce qu'ils ne croyoient pas qu'il deuſt mourir, ny moy écrire ſa vie, ſoit parce qu'il parloit preſque toûjours latin. Quoy qu'il en ſoit, je ne raconte icy qu'une partie de ce que j'ay veu ou entendu, & qui n'eſt qu'un échantillon de cette belle mort qu'il a pendant tant de temps tiſſuë de ſes ſouffrances. Or pour repreſenter en gros ce que je ne puis pas rapporter en détail : je prie mon Lecteur de conſiderer quelques remarques generales que je vay faire, & qui luy ſerviront à bien mourir, & à connoiſtre celuy que je propoſe pour modele.

Il ne refuſe rien.

§. I.

LA premiere eſt, que depuis le commencement de ſa maladie juſques au dernier ſoûpir, il ne refuſa rien de tout ce que les Medecins luy ont fait prendre ou recevoir : S'il faloit ſouffrir la lancette du Chirurgien, il preſentoit auſſi-toſt le bras ou le pied qu'on luy demandoit. S'il faloit prendre une medecine, quoy que desagreable au goust, à l'odorat, & à la veuë, il la prenoit sans se faire prier ; on luy en a presenté quelquesfois de si ameres & de si fortes, qu'elles infectoient toute la chambre : Il ne bouchoit point le nez, il ne se plaignoit point de l'amertume, il ne marchandoit point avec le Medecin, il les savouroit comme si elles eussent esté à son goust. Il les prenoit avec tant d'allegresse & de courage, qu'on eust dit qu'il en estoit friand, quoy qu'il en eust une extreme horreur; parce qu'il y détrempoit un peu du fiel du Fils de Dieu, & y mettoit un morceau de sa croix, qui en ostoit toute l'amertume; je veux dire que la pensée du fiel dont on l'abreuva à la croix, luy rendoient ces amertumes douces & savoureuses, & entre autres on luy en donna une, qui outre l'odeur avoit une lie épaisse au fond qui faisoit bondir le cœur; il la prend sans se faire prier, il l'avale & égoute le verre avant que de le rendre.

Ie

Ie laisse à juger à ceux qui ont esté malades, si l'on doit admirer cette resolution en un enfant qui avoit, pour ainsi parler, esté nourry de dragées & de confitures.

Il est toûjours content.

§. 2.

LA seconde chose remarquable en luy, & presque sans exemple. C'est que pendant une si longue & fascheuse maladie qui l'obligeoit à se tenir couché sur un costé, quoy qu'il fust tout plein d'abcés & d'ulceres, jamais on ne le vid triste & mécontent. C'est la demande que luy faisoit toûjours le Pere lors qu'il l'alloit voir, à sçavoir s'il n'avoit point quelque tristesse au cœur; & toûjours luy répondoit que non; mais qu'il estoit tres-content. Il supporta avec une patience extreme les ardeurs de sa fiévre, & le martyre continuel de quatre semaines presque entieres, pendant les plus grandes chaleurs de l'Esté; & la longueur du mal qui a couſtume d'ébranler ou amollir le courage, ne fit qu'affermir & endurcir le ſien, portant la mort dans les entrailles, & la joye ſur le front, ou pluſtoſt autant de morts qu'il avoit d'ulceres, & autant de joye qu'il avoit de ſouffrances. Ce qui eſt admirable en toutes ſortes de perſonnes, rare en un jeune-homme; mais prodigieux en un enfant d'un naturel ſi boüillant que le ſien.

Il ne deſire point la ſanté.

§. 3.

LA troiſiéme choſe que je remarque bien conſiderable en ſa maladie, & qu'on aura peine à croire, c'eſt que jamais il ne deſira ny ne demanda à Dieu la ſanté. Le Pere s'étudia à reconnoiſtre ſes inclinations par diverſes interrogations qu'il luy fit, ſoit lors qu'on deſeſperoit de ſa ſanté; ſoit lors qu'on en eſperoit mieux; le ſondant en toutes manieres, & jamais il ne remarqua aucun deſir de la vie. Lors qu'on luy demandoit lequel il aymoit mieux des deux, ou de vivre, ou de mourir? Il répondoit tousiours : *Fiat voluntas tua. Que vostre volonté soit faite.* C'estoit le bouclier qu'il opposoit à tous les traits du diable & de la nature, & la forteresse où il se retranchoit.

Vn jour qu'on luy apporta les Reliques de S. François de Paule, & du bien-heureux Pierre de Luxembourg, qu'on luy appliqua, avec les prieres & ceremonies accoustumées; il parut se mieux porter, ayant jetté des vers qui le rongeoient tout vif, & recouvert la liberté de respirer par une purgation douce & favorable.

Ses parens incontinent, transportez de joye, commencerent à l'embrasser & à le baiser, comme une personne ressuscitée; d'autres luy parlent de l'avenir, tous l'asseurent de la santé; le Medecin mesme en donne sa parole, & s'engage (comme il disoit) corps pour corps, vie pour vie. Il n'y avoit que luy qui entre la mort & la vie tenoit ses passions en une juste balance, sinon que ſa vertu donnoit le trait du coſté de la mort. C'eſt pourquoy, parmy tant dé réjoüiſſances, le Pere luy donnant avis qu'il ne jettaſt pas tellement les yeux ſur la terre, qu'il n'en reſervaſt un pour le Ciel ; il luy répondit avec un petit tour de teſte dont la grace ne ſe peut exprimer : *Que cela ne faiſoit point d'impreſſion ſur ſon cœur.* Concluant par ſa ſentence intercalaire: *Fiat voluntas tua.* Que voſtre volonté ſoit faite.

Et ce qui eſt admirable, c'eſt qu'on n'a point veu changer ſon eſprit dans les diverſes alterations de ſon corps ; la ſanté & la maladie luy eſtoient indifferentes : Ce qui parut lors que ces belles eſperances furent évanoüies, & qu'il fut retourné en ſon premier eſtat ; car il demeura dans la meſme aſſiette d'eſprit, ſans témoigner ny chagrin, ny inquietude, ce qui eſt auſſi rare en un tel malade, que la vie eſt douce à celuy qui ne fait que d'y entrer ; car combien en trouverez-vous qui ne respirent au lever d'une esperance favorable, & qui dans le reflus du mal ne tombe en quelque chagrin ; mais Charles Clarentin demeure luy-mesme entre l'esperance & le desespoir. Et comme il regardoit le retour de la santé avec indifference ; aussi voyoit-il son depart sans affliction.

Il est tousiours en Oraison.

§. 4.

LA derniere chose tres-remarquable, c'est que pendant le cours de sa maladie il estoit dans une continuelle Oraison : Qui l'eust veu aux prises avec la douleur, ou assoupy apres ce combat, eust creu qu'il ne pensoit à rien, ou qu'il songeoit à ses souffrances ; mais interrogé souvent par le Pere à quoy il pensoit alors, & dequoy il occupoit son esprit toutes les nuicts qu'il passoit sans dormir ? *Mon Pere*, luy dit-il, *je pense tousiours à Dieu, & je prie continuellement Dieu.* Ce qu'il faisoit d'esprit sans parler de la bouche, comme s'il eust esté dans une tranquile contemplation.

Il eut fort peu de delire ; mais c'estoit tousiours des devoirs de pieté, comme d'aller à la Congregation. Et parce qu'il aymoit cordialement Nostre-Dame, il s'estoit fait attacher son Image devant les yeux, & s'imaginoit estre le petit IESUS, qui reposoit entre ses bras, il luy recitoit souvent quelque Oraison ; & pour son respect il ne voulut jamais recevoir assistance d'une servante en ses necessitez ; mais pria un de ses parens de luy rendre ce bon office.

Voila ce que je puis dire en general de ce jeune écolier, qui suffit pour fournir une idée raisonnable de sa vertu, & découvrir les tresors qui estoient renfermez dans cette belle ame. Mais parce que la fin est le couronnement de tous les Ouvrages, & que les belles Vies sont ordinairement fermées d'une belle mort. Il faut aller jusques au bout, & voir comme il a pratiqué les bons enseignemens qu'on luy avoit donnez au commencement de sa maladie.

CHAPITRE XIII.

Son desir de communier : & une chose remarquable sur le jour de sa mort.

QVATRE jours avant son trépas, il se confessa derechef, pour recevoir encore une fois le Viatique. Mais parce qu'il sembloit se porter mieux, & qu'il estoit déja muni de tous les Sacremens, ses parens ne jugerent point à propos de le faire communier derechef, quelque instance qu'il en pust faire ; & fut obligé de communier spirituellement : ce qu'il fit avec une foy & une devotion nompareille.

Le jour suivant, le Pere l'estant venu voir, il luy fit aussi-tost ses plaintes de la Communion qu'on luy avoit refusée; & luy demande si le jour de saint Ignace, nostre Fondateur, qui estoit le Mercredy suivant, tous les Congreganistes n'approchoient pas de la sainte Table. Le Pere luy ayant répondu qu'ouy, *Et moy*, dit-il, *ce mesme jour je communieray avec eux*. Ce qu'il prononça avec une joye extraordinaire, comme s'il eust sçû que ce devoit estre le jour de sa mort.

Le Mardy au matin, qui fut le jour auparavant, il demanda à sa mere quel jour il estoit. Elle luy ayant répondu qu'il estoit Mardy, *A la bonne heure*, luy dit-il, *ce sera demain que j'accompliray mon vœu à la Congregation*. Deux heures avant que de mourir, il demande encore quelle heure il estoit. Ayant sçû qu'il estoit bien minuit, d'une voix ferme & d'un jugement sain, il asseure à ceux qui estoient presens, que dans quatre heures ou environ il s'acquiteroit de ses vœux en la Congregation : ce qui arriva comme il l'avoit predit. Car environ sur les six heures, la Messe qu'il avoit promise y fust dite, sans qu'on pensast au temps qu'il avoit determiné ; & mesme on eust eu peine à la dire plûtost ou plus tard. Ce qui fait croire qu'il n'ignoroit pas l'heure de sa mort, puis qu'il parloit d'accomplir son vœu, lors qu'il estoit sur le penchant de sa vie, & qu'il se disposoit à mourir.

Le Mardy au soir, le Pere le fut voir ; & l'ayant trouvé assoupy, le visage extraordinairement abbatu, il avoit resolu de passer la nuit auprés de luy. Mais parce qu'il y avoit longtemps qu'il estoit presque en ce mesme estat, & que le Medecin asseuroit qu'il dureroit encore plus de dix jours, il le quitta, quoy qu'avec peine, apres luy avoir donné sa benediction.

CHAPITRE XIV.

Il entre en agonie.

A Dix heures de nuit, l'enfant sentant approcher sa mort par un redoublement violent, prie aussi-tost qu'on fasse venir le Pere, *afin*, disoit-il, *qu'il me voye mourir*. On envoye sur l'heure un enfant au College, qui faute de force ou d'industrie à tirer une cloche, s'en retourna sans l'appeller: ce qui obligea les parens de faire venir un Prestre du voisinage, qui arriva un peu auparavant qu'il perdit la parole, & luy fit faire quelques actes de resignation.

Charles se voyant comme abandonné de son bon Pere, entreprit de mettre en execution le mieux qu'il pût les enseignemens qu'il en avoit receus. Mais sur tout il pria qu'on luy fist derechef apporter le Corps de nostre Seigneur. Ses parens luy ayant representé que cela n'estoit pas possible, veu l'heure induë & la violence de son mal, il communie spirituellement avec une tranquillité d'esprit admirable.

Vne honneste Damoiselle de ses parentes, l'estant venuë assister, &

l'ayant trouvé les bras comme en Croix, luy demande pourquoy il les tenoit de la ſorte. *Afin*, dit-il, *de mourir à l'exemple de mon Sauveur.* En ſuite, elle l'exhorte à ſe confier en luy, & à reciter le Pſeaume : *In te, Domine ſperavi* : ce qu'il fit avec une joye ſenſible, repetant pluſieurs fois, tantoſt *In te, Domine*, tantoſt *In te, Domina. I'eſpere en vous, mon Seigneur, I'eſpere en vous, Madame.* Il entendoit la ſainte Vierge qu'il invoquoit preſque toûjours, l'appellant pour l'ordinaire avec une grande tendreſſe, comme j'ay dit, ſa bonne Mere, & luy recitant l'Oraiſon qu'il luy diſoit dés ſon enfance.

CHAPITRE XV.

Quelque faveur de Dieu extraordinaire.

CEPENDANT le mal croiſſant de plus en plus, il prend en main le petit Crucifix qu'il avoit fait attacher au rideau de ſon lict ; & lors d'un viſage enflâmé, temperé neantmoins d'un petit ſoûris plein de grace & d'amour, il le baiſe premierement avec reſpect ; puis tout hors de ſoy-meſme, comme ſi ſon ame euſt ſorti de ſon corps, il s'écrie : *O qu'il eſt beau ! O qu'il eſt glorieux ! O qu'il eſt éclatant dans le Ciel* ! Il eſt croyable que noſtre Seigneur & Noſtre-Dame luy ont fait l'honneur de le viſiter avant ſa mort: & en voicy quelque conjecture.

Vn peu auparavant, dans les plus fortes étraintes de la douleur, & dans ſes mortelles agonies, il leve les yeux au Ciel, & les y tient collez avec admiration & avec une joye extraordinaire, qui paroiſſoit ſur ſon viſage. Il y avoit auprés de luy un Ecolier de ſes parens, auquel il dit : *O que je vois de belles choſes* ! *Mon couſin, ſi tu voyois* ! Hé que voyez-vous, luy demande celuy-cy ? Il ne luy répondit rien, ſinon par trois fois : *O que je vois de belles choſes!*

O que je vois de belles choſes ! Quoy qu'il en ſoit, on ne peut douter qu'il n'ait eu quelque viſion, dont ce pauvre enfant réjoüy & fortifié, tenant ſa Croix entre ſes mains, les yeux élevez au Ciel, un peu moites de larmes, la poictrine ſe ſoulevant, le cœur éclatant d'amour, tout le monde pleurant de pitié & de devotion, il repete pluſieurs fois ces belles paroles : *Mon Dieu je vous offre ce peu de vie qui me reſte, c'eſt peu de choſe à la verité; mais je vous l'offre de bon cœur, & vous ſupplie de l'aggréer.*

Il n'y avoit perſonne, qui oyant ce diſcours, & voyant les ſaillies amoureuſes de cét enfant, ne ſentiſt de compaſſion déchirer ſes entrailles.

CHAPITRE XVI.

Sa pieté & force merveilleuſe.

SA mere ſur toutes, tranſportée de douleur, ne ſe pouvoit contenir;

mais se jettoit sur son visage, & l'arrosoit de ses larmes; ce que voyant ce bon enfant, à qui l'affliction de sa mere estoit plus sensible que la mort; il ramasse ses forces, & faisant bonne mine au dehors, quoy qu'il sentist les trenchées mortelles au dedans: *Qui a-t-il ma mere*, luy dit-il, *pourquoy vous affligez-vous? Il n'y a rien encore; je ne suis pas si bas que vous pensez: Est-ce là comme vous gardez l'ordonnance des Medecins? Ils ont dit qu'il me faloit réjoüir, puisque la joye peut contribuer à ma santé, & vous m'affligez! Venez-ça ma mere, baisez-moy, & vous allez reposer.* Elle le baise, & luy donne sa derniere benediction. Il n'y eut personne qui n'admirast le jugement, la presence d'esprit, la pieté, la force, & le courage de ce bon enfant, en un temps où la presence de la mort confond les pensées, trouble le jugement, oste l'usage de la parole, ou n'en laisse qu'autant qu'il en faut pour se plaindre & demander de la consolation. Il est vray que pendant ce temps qu'il a esté malade, il a fait paroistre une presence d'esprit merveilleuse. Il voyoit tout, il donnoit ordre à tout ; mais cette belle lumiere a beaucoup plus éclaté sur son couchant. Vne bonne servante qui l'avoit élevé dés son bas âge, luy parlant de quelque chose du temps passé pour le divertir, il la fit taire aussi-tost, luy disant : *Taisez-vous, il n'est pas temps de parler de cela.* En suite, craignant que la violence du mal ne luy eust fait échaper quelque parole un peu rude contre un autre qui l'avoit servy pendant sa maladie, il la fit venir, & luy demanda pardon devant tous les assistans.

CHAPITRE XVII.

Sa Mort.

CEpendant il sentoit d'extremes douleurs ; car la nature forte & vigoureuse avoit peine à se rendre, &

les parties nobles estoient saines, hors-mis les poulmons qui nageoient dans le pus. Dans ce combat opiniâtre & douloureux, il prie un chacun de se mettre à genoux, & de dire un *Pater* pour luy, qu'il recita tout haut, les mains jointes avec une grande modestie, & ayant achevé : *Voila qui est bien*, leur dit-il, *levez-vous, s'il vous plaist, je suis soulagé, je vous remercie avec affection.*

Ses parens le voyans en cét estat, se retirerent presque tous, croyans qu'il dûst durer jusques au jour suivant. Luy au contraire, dit tout bas à celuy qui estoit proche de son lict : *Ie meurs ; mais gardez-vous bien d'en rien dire à ma mere.* Si tost qu'il apperceut qu'elle s'estoit retirée, il commença à lâcher la bonde à ses affections, faisant ce que le Pere luy avoit enseigné: Mais parce qu'il s'imaginoit qu'il obmettoit plusieurs choses, ou bien qu'il eust bien mieux fait s'il eust esté present, il disoit de temps en temps : *Ie*

vous

vous prie qu'on aille querir le Pere.

Enfin se sentant défaillir, & la mort approcher, il prend en main sa croix, & levant les yeux au Ciel avec une ferveur & une devotion incroyable, il repeta plusieurs fois ces dernieres paroles de IESUS-CHRIST: *Pater in manus tuas commendo spiritum meum. Mon Pere je recommande mon esprit entre vos mains*, & en les prononçant il perdit la parole, & peu de temps apres la vie, rendant son esprit à celuy à qui il l'avoit tant de fois recommandé. Ce fut sur les deux heures apres minuit, au commencement du dernier jour de Iuillet, dedié à S. Ignace, auquel il avoit dit qu'il s'acquitteroit de son vœu, l'an 1652.

CHAPITRE XVIII.

Ses Funerailles.

SVR les cinq heures du matin, sa mere en vint apporter les nouvelles au Pere de la Congregation, lequel quoy que consolé d'une si belle mort, avoit neantmoins un regret sensible de n'y avoir point assisté. Ces paroles de l'enfant: *Faites venir le Pere, afin qu'il me voye mourir*, estoient comme autant de traits qui luy perçoient le cœur. Et puis il se persuadoit qu'il eut fait & dit beaucoup de choses en sa presence qui ne luy sont pas venuës en l'esprit, ou qu'il n'a pas voulu faire éclater devant les autres, ou qui n'ont pas esté remarquées de ses parens qui estoient dans l'étonnement & l'affliction; veu principalement qu'ils avoüent que l'enfant a presque toûjours parlé Latin qu'ils n'entendoient point, & qu'ils n'ont pas pris garde, ou se sont oubliez de plusieurs belles choses qu'il a faites & dites. Enfin qu'ils ne pouvoient declarer l'ardeur & l'affection avec laquelle il parloit, les transports amoureux de son ame, le ton de sa voix, la grace de ses gestes, l'éclat de ses yeux, le soûris de ſa bouche, la compoſition de tout ſon corps.

Le Pere d'abord ne jugea pas neceſſaire de faire dire ce meſme jour en la Congregation, la Meſſe qu'il avoit voüée ſous condition qu'il recouvraſt la ſanté, & qu'il y auroit difficulté de trouver un Preſtre qui vint à temps, & ne troublaſt point l'ordre qui ſe garde en ces grandes Feſtes dans la Chapelle. Mais ſa mere inſiſta qu'on l'a diſt le meſme jour, & envoya un Preſtre qu'elle rencontra, lequel dit la Meſſe à l'heure environ que l'enfant l'avoit predit: Tous les Congreganiſtes cependant recitans l'Office des Morts, & communians pour luy à la Meſſe ſuivante, apres laquelle le Pere annonça ſa mort à toute l'aſſemblée, & fit ſur le champ un petit Eloge de ſes vertus, qui tira quantité de larmes de la pluſpart des Auditeurs.

Quatre heures apres midy, environ cent Eſcoliers de la Congregation s'eſtans trouvez au logis du deffunct pour honorer ſes funerailles, en ſortirent deux à deux, tenans un cierge blanc en main : Tous marchoient avec tant de grace, d'ordre, & de modeſtie qu'ils donnoient à tous ceux qui accouroient pour les voir, de l'admiration & de la devotion.

On fit premierement repoſer le corps en ſa Parroiſſe, où le Service fut celebré : De là on le porta par le milieu de la Ville à l'Egliſe des Peres Auguſtins, qui le receurent & l'inhumerent au lieu qu'il avoit deſiré. Le jour ſuivant les Congreganiſtes aſſiſterent encor au Service divin, qui ſe celebra dans la Parroiſſe. Il n'y eut perſonne qui ne s'étonnaſt de voir un jeune Eſcolier qui n'eſtoit point de la Ville, recevoir tant d'honneur apres ſa mort.

TROISIE'ME PARTIE.

EXERCICE

POVR BIEN MOVRIR,

Qui ſe peut pratiquer au temps de la ſanté & de la maladie.

CHAPITRE PREMIER.

Ce qu'il faut faire au commencement de la maladie.

ESLORS qu'on ſe ſent frapé de maladie, il faut faire trois choſes.

Premierement, il faut ſe défier de ſon mal, & dire en ſoy-meſme : I'en pourrois bien mourir, mettons ordre au plûtoſt à nos affaires. La défiance est la mere de seureté ; on ne peut estre trop sur ses gardes, quand il s'agit d'une Eternité. *Nunquam satis magna securitas, ubi periclitatur æternitas.*

Secondement, il faut accepter la mort avec toutes ses suites. Comme nous n'avons rien de plus cher que la vie, le sacrifice volontaire que nous en faisons à Dieu, est d'un merite inestimable. C'est le plus grand témoignage d'amour que nous luy puissions rendre, & qui suffit au defaut des Sacremens, pour reconcilier une ame avec Dieu, quand elle a regret de l'avoir offensé.

Et puis, qui fera difficulté de boire dans un calice où Jesus a bû ? Peut-on haïr la mort, depuis qu'elle est entrée dans son cœur ? Peut-on apprehender comme un mal ce que Dieu a preferé à la plus belle de toutes les vies ? Ou vous estes innocent, ou vous estes coupable? Si vous estes innocent, regardez la mort comme la couronne ds vos belles actions: Si vous estes coupable, recevez la mort comme une peine deuë à vos crimes.

En troisiéme lieu, comme l'intention est l'ame de nos actions, & la forme qui les met au rang des vices ou des vertus, il est important d'en concevoir de tres-pures en nostre derniere maladie. La mort n'est mort qu'à ceux qui meurent en beste, mais c'est une vie à ceux qui meurent en Chrestiens; parce qu'ils l'animent d'une intention excellente, & qu'elle est pour eux un germe de vie eternelle.

C'est une chose déplorable de voir la pluspart des Chrestiens perdre le fruit de la plus belle action de leur vie, qui est la separation volontaire de l'ame d'avec leur corps, faute d'intention, qui rendroit ce sacrifice infiniment agreable à Dieu, & qui seul peut meriter une couronne inestimable. Or ces intentions sont celles que nous avons marquées cy-dessus c. 4. p. 20.

Quand donc vous vous sentirez frapé de maladie, élevez voſtre cœur & voſtre eſprit à Dieu; remerciez-le de la grace qu'il vous fait, de vous donner du temps pour mettre ordre à voſtre conſcience : Demandez-luy pardon de tous vos pechez, & proteſtez que vous eſtes content de mourir pour ſa gloire, pour ſon amour, pour vos pechez, pour joüir de ſa preſence, & pour imiter ſon Fils, qui a daigné mourir pour vous.

Pour apprendre ce ſaint Exercice, il le faut pratiquer ſouvent pendant la vie. Prenez donc un jour le mois, & vous imaginez que Dieu vous dit ce que dit Iſaye au bon Roy Ezechias: *Diſpone domui tuæ, quia morieris tu, & non vives. c. 38.* Mettez ordre à vos affaires, car vous allez mourir.

En ſuite repreſentez-vous que vous eſtes étendu ſur voſtre lict, & acceptez la mort en quelque temps qu'elle arrive avec les plus nobles & les plus pures intentions que vous pourrez former. Faites des actes de foy, qu'il eſt vostre bon-heur ; d'esperance de le posseder; de douleur de l'avoir offensé; de desir de le voir ; d'abandonnement entre ses mains pour la vie , pour la mort, pour le temps & pour l'eternité.

CHAPITRE II.

Ce qu'il faut faire au progrés de la maladie.

APRES s'estre soûmis aux ordres de Dieu , & resigné à ses volontez , il faut que le malade appelle au plûtost un Prestre , pour se confesser. Car outre que ce Sacrement contribuë fort à la santé , mettant l'esprit en repos , & détruisant le peché , qui est la cause ordinaire de nos maladies , il rend encore nos maux & nos souffrances fructueuses , & asseure nostre salut contre toutes les surprises de la mort. Il ne faut pas reserver la plus grande de toutes les affaires à un temps où l'on n'est plus capable de rien. Si vous estes sage, vous mettrez ordre au plûtost à vostre conscience, & vous vous reconcilierez avec vos ennemis, pour vous pouvoir reconcilier avec Dieu.

En suite, vous ferez vostre testament, s'il n'est déja fait, & les restitutions que vous avez à faire, sans en charger vos heritiers. Vous recompenserez vos domestiques, & declarerez nostre Seigneur coheritier de vos enfans, luy faisant part de vostre heritage. Si vous en usez de la sorte, dit S. Chrysostome, il prendra vos enfans sous sa protection, il en sera le pere & le tuteur, il benira vostre famille, multipliera vos biens, & vous fera part de l'heritage de son pere.

Le testament d'Hermocrates fut declaré nul dans la Cour des infideles, parce qu'il s'estoit nommé luy-mesme heritier de tous ses biens. Mais on a jugé en France qu'un Bourgeois d'Arles en Provence avoit bien fait ses affaires, qui avoit declaré son ame heritiere de tous ses biens, meubles, & immeubles, & qu'elle en pouvoit prendre possession par la main des pauvres. C'est pour cela qu'on en fonda un Hôpital. Ne frustrez pas vos heritiers, mais souvenez-vous que vous estes le premier de tous, & que si vous ne donnez rien à nostre Seigneur, vous ne devez rien attendre de luy.

Il y a beaucoup d'autres choses à observer dans un testament, qu'on peut voir dans les livres qui ont traité de cette matiere.

Ayant mis ordre aux affaires temporelles, si le mal continuë, vous demanderez le Viatique; & mangerez ce pain des Anges, pour faire le grand voyage de l'eternité.

Il est certain que les Sacremens en vertu de leur institution ne conferent pas infailliblement la perseverance. Dieu s'est voulu reserver la collation de la premiere & de la derniere grace; de la premiere, qui prepare au salut; de la derniere, qui consomme le salut, pour nous tenir également & dans la crainte de sa justice & dans la dépendance de sa misericorde.

Or quoy que cela soit vray, si est-ce que c'est l'opinion commune des Docteurs, que le Sacrement de l'Eucharistie a une vertu particuliere de procurer aux personnes saines & malades qui le reçoivent dignement, la grace de perseverance. C'est pour cela qu'il le faut demander dés lors qu'on se croit en danger. *Ceux qui ont esté bien unis avec nostre Seigneur en cette vie, n'en peuvent estre divisez en l'autre*, dit Alger.

Si vous desirez sçavoir comme il faut faire cette derniere Communion, vous le pourrez apprendre dans la belle pratique de bien mourir du Pere Suffren, & dans celle du Pedagogue Chrestien au 2. tome, & dans plusieurs autres bons livres qui ont traité de cette matiere.

Mais pour y réüssir, il faut faire souvent pendant la vie ce que vous ne feez qu'une fois à la mort. Car on ne fait jamais bien ce qu'on n'a point appris. Ainsi pendant que vous estes en santé, dressez vostre testament ; voyez si vous estes en estat de mourir ; confessez-vous spirituellement à nostre Seigneur de tous les desordres de vostre vie, si vous ne pouvez pas le faire sacramentellement. Acceptez la mort pour les quatre fins du sacrifice que j'ay marquées cy-dessus. Representez-vous qu'on vous donne le Viatique ; & faites les actes que vous ferez alors, ou que vous ne pourrez faire ; afin que cette devotion supplée au defaut de celle qui peut-estre vous manquera.

CHAPITRE III.

Ce qu'il faut faire à la fin de la maladie.

IL n'y a rien de plus facile que de mourir, rien de plus difficile que de bien mourir. La bonne mort est la recompenſe d'une bonne vie. Mais on ne doit pas appeller une bonne vie celle qui ne ſe diſpoſe point à la mort. La planche qui mene du temps à l'éternité eſt ſi étroite, qu'un homme eſt en danger de tomber dans le precipice eternel, s'il n'y a ſouvent paſſé pendant qu'il eſtoit en ſanté. Il eſt tres-important de s'aguerrir à ce dernier combat, & d'apprendre ce qu'il faudra faire lors, pour ainſi parler, qu'on ne pourra plus rien faire. C'eſt un temps que l'agonie où l'on a bien beſoin d'inſtruction & de conſolation; & cependant c'eſt le temps où l'on n'en peut plus recevoir que de Dieu & de ſoy-meſme. Il faut donc faire proviſion de bonnes penſées & de ſaintes pratiques pendant la vie, pour nous ſoûtenir & nous conſoler à la mort. Or la plus douce, la plus facile, la plus ſolide, & la plus conſolante de toutes les devotions, eſt de regarder JESUS en Croix, de l'entendre parler, de le voir mourir, de mourir avec luy & comme luy.

Le Fils de Dieu ſur la Croix a prononcé ſept paroles qui ſont comme les ſept ſceaux du Livre de vie, les ſept branches du Chandelier myſtique, les ſept colomnes du Temple de la Sageſſe, qui fourniſſent à tous les malades beaucoup d'inſtruction, de force, & de conſolation. I'en ay enſeigné l'uſage & la pratique cy-deſſus p. 36. Il faut donc ſe la rendre familiere, & comprendre le ſens des paroles, afin que l'eſprit à la mort en tire ſans peine le ſuc & la nourriture.

Et c'eſt pour cela qu'il faut ſouvent pendant la vie étudier cette belle leçon dans le Livre des Predeſtinez, s'imaginant qu'on eſt preſt de rendre l'ame, & formant ſur chaque parole les actes que nous avons enſeigné. Il n'eſt point neceſſaire d'y garder d'ordre; on peut s'arreſter à celle qui viendra dans l'eſprit, & la faire deſcendre doucement dans ſon cœur.

Le dernier Sacrement que doit recevoir le malade eſt celuy de l'Extreme-Onction. Il a trois effects qui luy ſont propres, outre l'accroiſſement de la grace ſanctifiante, qui eſt commun aux autres Sacremens quand on le reçoit en grace : Le premier eſt de rendre la ſanté ſi elle eſt avantageuſe au malade : Le ſecond, d'effacer les pechez, ſoit veniels, ſoient mortels, dont on ne ſe ſouvient point, ou qu'on ne peut confeſſer, & de remettre la peine deuë aux pechez pardonnez. Le troiſiéme, de fortifier le malade contre les douleurs du corps, les peines de l'eſprit, la crainte de la mort, les aſſauts & tentations du demon.

On ne peut aſſez s'étonner de la mauvaiſe conduite de la pluſpart des Chreſtiens, qui ne reçoivent ce Sacrement que lors qu'ils ne ſont preſque plus en eſtat d'en profiter, & de produire les actes qui le devroient accompagner. Ce n'eſt pas à l'agonie que le Diable ordinairement fait les plus grands efforts ; d'autant que l'homme en cette extremité n'a preſque

que plus de liberté ; ainsi n'est plus en estat de pecher ; mais c'est dans le milieu & le fort de la maladie que se livrent les plus violens assauts : C'est donc en ce temps qu'il faudroit armer & fortifier un malade, luy faisant entendre que ce Sacrement receu avec foy est plus capable de le guerir, si cela est expedient, que tous les remedes de la nature.

Or d'autant qu'il y a peu de gens qui reçoivent ce Sacrement en leur derniere maladie, & encor moins qui le reçoivent avec connoissance & liberté, & que vous ne sçavez pas si vous serez plus sage ou plus heureux que les autres ; vous ferez prudemment de le recevoir souvent d'esprit, pendant que vous estes en santé, & de produire les actes que vous ne pourrez peut-estre pas produire alors.

Imaginez-vous donc que vous allez mourir, & qu'on vous donne ce dernier Sacrement. Representez-vous le Prestre qui dit oignant vos yeux des ſaintes huiles : *Que Dieu par cette ſainte Onction, & par ſa tres-pieuſe miſericorde te pardonne tous les pechez que tu as commis par la veuë.* Produiſez en meſme temps un acte de douleur, & conſentez à la mort de ce ſens qui a offenſé Dieu. Faites le meſme ſur tous les autres, & vous en receverez beaucoup de conſolation.

Enfin apres ce dernier Sacrement, ne ſongez plus qu'au Paradis ; concevez de grands deſirs de voir Noſtre Seigneur. Produiſez des actes de foy, d'eſperance, & de charité. Renouvellez de temps en temps l'offrande de voſtre vie, ſelon les quatre intentions que nous avons marquées. Entretenez-vous avec IESUS-CHRIST en croix, écoutez ſes dernieres paroles, & mourez avec luy dans la paix & le baiſer de Dieu, & dans un Sacrifice parfait d'amour & d'obeïſſance. Ainſi ſoit-il.

FIN.

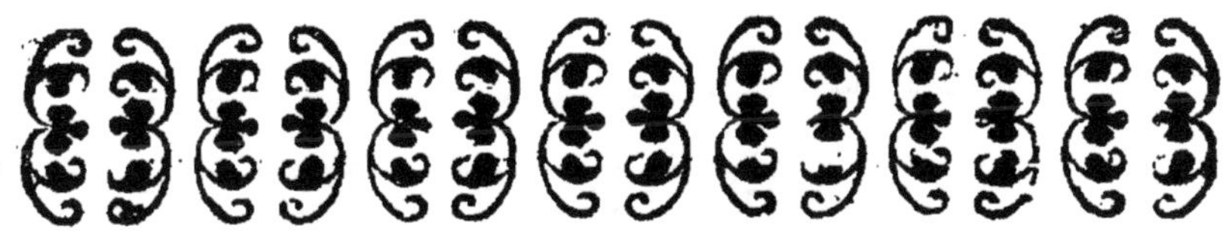

TABLE DES CHAPITRES.

PREMIERE PARTIE.

SA VIE.

SECONDE PARTIE.

Sa Maladie & ſa Mort.

TROISIEME PARTIE.

Exercice pour bien mourir.

Fin de la Table.

Permission du R. P. Provincial.

IE CHARLES LALEMANT, Vice-Provincial de la Compagnie de IESUS, en la Province de France. Suivant le Privilege qui nous est octroyé par les Roys tres-Chrestiens, Henry III. le 10. May 1583. Henry IV. le 20. Decembre 1603. Louys XIII. le 14. Fevrier 1612. Par lequel il est defendu à tous Imprimeurs & Libraires d'imprimer aucun Livre de ceux qui sont composez par quelqu'un de nostre Compagnie, sans permission des Superieurs d'icelle: Permets à Iean le Boulanger, Marchand Libraire à Roüen, d'imprimer ou faire imprimer un Livre, intitulé: *La belle Mort, exprimée en la personne d'un jeune Ecolier tres-devot à Nostre-Dame, avec une Pratique de bien mourir*; composé par un Pere Iesuite, & reveu par deux Peres de la mesme Compagnie. Fait à Paris le 25. Novembre 1652.

CHARLES LALEMANT.

ex libris claudij
Le muer 1649

www.ingramcontent.com/pod-product-compliance
Ingram Content Group UK Ltd.
Pitfield, Milton Keynes, MK11 3LW, UK
UKHW020330180726
13839UKWH00002B/636

9 782329 602202